COMPRENDRE
LA LITTÉRATURE

MIXTE
Papier issu de sources responsables
Paper from responsible sources
FSC® C105338

HONORÉ DE BALZAC

La Fille aux yeux d'or

Étude de l'œuvre

© Comprendre la littérature.

1 rue Honoré - 93500 Pantin.

ISBN978-2-7593-1252-8

Dépôt légal : Juillet 2021

Impression Books on Demand GmbH

In de Tarpen 42

22848 Norderstedt, Allemagne

SOMMAIRE

• Biographie de Balzac.. 9

• Présentation de *La Fille aux yeux d'or*...................... 17

• Résumé de l'oeuvre... 21

• Les raisons du succès... 27

• Les thèmes principaux.. 37

• Étude du mouvement littéraire................................ 45

• Dans la même collection... 53

BIOGRAPHIE DE BALZAC

Né à Tours le 20 mai 1799, Honoré de Balzac est considéré comme l'un des principaux représentants du roman français. Il s'est exprimé dans des genres variés et a écrit, en l'espace de trente ans, plus de quatre-vingt-dix romans et nouvelles, qu'il a réunis ensuite en une seule œuvre tentaculaire, *La Comédie humaine*. Initiateur du mouvement réaliste, Balzac dépeint dans ses romans des personnages poussés par une destinée grandiose. Il s'attache aussi à offrir une dimension philosophique au roman, à travers une étude précise des mœurs de son époque.

Honoré de Balzac est le fils de Bernard-François Balssa et d'Anne-Charlotte-Laure Sallambier. Son père, d'origine paysanne, connaîtra une ascension sociale progressive. Entre 1771 et 1783, il transforme son nom de famille en Balzac, puis, en 1802, y fait accoler une particule. Balzac grandit dans une famille de bourgeois à la richesse souvent précaire. Il apprend les rapports particuliers à l'argent et à l'ambition. Le couple formé par ses parents est loin d'être idyllique : Bernard-François et Anne-Charlotte ont trente-deux ans d'écart. La mère d'Honoré de Balzac ne ressent que de l'indifférence et du mépris pour ses enfants. À sa naissance, elle place Honoré en nourrice, l'enfant ne réintègre la maison familiale qu'en 1803. L'auteur a trois frères et sœurs : Laure, Laurence et Henri.

De 1807 à 1813, Honoré est pensionnaire au collège des oratoriens de Vendôme. Pendant six ans, il se livre à une existence de lecture intensive et développe son goût pour la philosophie. En 1814, la famille Balzac s'installe à Paris. Honoré s'inscrit en droit en 1816. Il suit des cours à la Sorbonne, notamment ceux de grandes figures universitaires telles que Villemain, Guizot ou encore le naturaliste Geoffroy Saint-Hilaire. Balzac ambitionne de devenir philosophe et se dit disciple de Locke. En parallèle de ses études, Honoré travaille comme clerc de notaire, une expérience qui lui servira plus tard dans ses romans. En 1819, il passe ses premiers examens avec succès, mais ne se présentera pas aux suivants. En effet, malgré les désirs de sa famille de le voir devenir notaire, Balzac veut écrire et faire fortune dans la littérature. En 1819, ses parents acceptent de le loger dans une mansarde de Paris et lui donnent deux ans pour percer dans la littérature. Sous l'inspiration de grands auteurs classiques tels que Shakespeare, Balzac écrit une tragédie, *Cromwell* (1820). Les réactions de son entourage sont décevantes et l'auteur décide d'abandonner le théâtre pour un temps. Balzac ébauchera par la suite plusieurs romans inspirés de Walter Scott. Ces textes ne seront jamais publiés de son vivant.

En parallèle, Honoré se familiarise avec l'univers des journaux. Sous les pseudonymes de Lord R'Hoone et Horace de Saint-Aubin, il produit une série de textes destinés à améliorer ses finances. En 1822 paraîtront ainsi plusieurs romans satiriques ou philosophiques comme *L'Héritière de Birague*, *Jean-Louis*, *Le Vicaire des Ardennes* ou encore *Clotilde de Lusignan*. Ces romans rencontrent un succès modeste mais suffisant pour encourager Balzac à persévérer dans cette voie. En 1823, il publie *Annette et le Criminel* et *La Dernière Fée*. En 1825 paraît *Wann Chlore*, roman réaliste inspiré de Jane Austen.

En 1824, Balzac collabore avec *Le Feuilleton littéraire*. Dans une série de textes, il développe sa pensée et ses opinions sur divers sujets de société. Paraîtront ainsi un *Code de la toilette*, un *Code des gens honnêtes* et un *Traité de la prière*. Dans son *Histoire impartiale des Jésuites* et dans *Du droit d'aînesse*, l'auteur affirme ses idées antilibérales. À la fin de la même année, Balzac prend la décision de cesser la littérature commerciale. Il se fait libraire avec l'éditeur Canel pour publier des éditions bon marché de Molière et de La

Fontaine, mais l'expérience tourne court. En 1826, Balzac est lâché par ses associés et se retrouve fortement endetté. En 1827, il tente de se renflouer en créant une fonderie de caractères, mais c'est un nouvel échec financier. Il obtient de l'aide auprès de Laure de Berny (1777-1836) qui sera le premier amour de l'auteur, à la fois amante et figure maternelle.

En 1828, ses finances sérieusement mises à mal par les faillites successives, Balzac se remet à l'écriture. Sous le modèle de Walter Scott, il rédige *Le Dernier chouan*, sur les guerres civiles de Vendée. Le roman, publié en 1829, se fait vite remarquer. On le compare à *Cinq-Mars*, du comte de Vigny. Le succès lui sourit à nouveau à la publication, en décembre 1829, de la *Physiologie du mariage*. Le roman, qui défend l'égalité des sexes, plut notamment aux femmes. Suivent, à partir de 1830, un certain nombre de nouvelles réunies sous le titre de *Scènes de la vie privée*.

Ayant signé un contrat avec *La Revue de Paris* qui l'engage à fournir des textes tous les mois, Balzac entre dans une période de grande production littéraire. Des récits fantastiques et philosophiques tels que *La Peau de chagrin*, publié en 1831, lui apportent la célébrité. Balzac, qui se fait une place parmi les figures reconnues de Paris, est introduit dans les salons littéraires et dépense son argent sans retenue. Il accède aux milieux aristocratiques et se voit en homme politique. Il reçoit de nombreuses lettres d'admiratrices, dont celles de la Polonaise Ewelina Hanska, qui fera forte impression auprès de Balzac. L'auteur s'intéresse aux sciences occultes et s'inspire de la théorie de Lavater au sujet de la physiognomonie, une science qui suppose qu'on puisse associer les traits de caractère d'un individu à son physique.

Pour pouvoir se permettre le train de vie financier auquel il s'est habitué, Balzac écrit dans de nombreuses revues, telles que *La Revue de Paris*, *La Revue des deux Mondes*, *La Mode*,

La Silhouette ou encore *La Caricature*. À la publication de *L'Auberge rouge*, en 1831, l'auteur ajoute pour la première fois une particule à son nom.

Balzac reprend ses *Scènes de la vie privée* avec la parution de *Gobseck* (1830) et *La Femme de trente ans* (1831). Il enchaîne avec les *Scènes de la vie parisienne* avec des romans comme *Le Colonel Chabert* (1832-1835), les *Scènes de la vie de province*, avec *Le Curé de Tours* (1832) et *Eugénie Grandet* (1833) et les *Scènes de la vie de campagne*, avec *Le Médecin de campagne* (1833). L'auteur commence à envisager le plan d'une œuvre colossale qui constituera un regard d'ensemble sur toute une époque et sur toutes les classes de la société, suivant plusieurs destinées imbriquées.

En 1834 paraît *Le Père Goriot*. Ce roman constitue un tournant dans l'œuvre de l'auteur et amorce l'élaboration de *La Comédie humaine*. En effet, c'est dans *Le Père Goriot* que Balzac utilise son système de retour des personnages. Rastignac, découvert dans *La Peau de Chagrin*, est dépeint à nouveau, plus jeune et fraîchement arrivé à Paris. Balzac tient alors un moyen inédit d'unifier toute son œuvre, en y faisant reparaître régulièrement certains personnages clefs. L'auteur ressort ses anciens écrits, les retravaille, change quelques noms et quelques dates pour lier tous ses récits en une sorte de fresque littéraire. C'est la naissance du roman balzacien, et les publications vont alors s'enchaîner : *Le Lys dans la vallée* (1835-1836), *Histoire de la grandeur et de la décadence de César Birotteau* (1837), *La Maison Nucingen* (1838), *Le Curé de village* et *Béatrix* (1839), *Une ténébreuse affaire* (1841), *La Rabouilleuse* (1842), les *Illusions perdues* (1843), *Splendeurs et misères de courtisanes* (1847), *La Cousine Bette* (1846) et *Le Cousin Pons* (1847), sont autant de romans qui entrent dans le schéma élaboré par Balzac. En 1845, l'auteur estime à 145 le nombre de textes de sa *Comé-*

die humaine, dont 85 sont déjà écrits. Mais Balzac est affaibli par des années de travail intensif et doit bientôt réduire sa production. À la mort de l'auteur, *La Comédie humaine* se composera de 90 titres publiés.

Après l'échec d'une tentative de fondation d'un journal, *La Chronique de Paris*, Balzac est plus endetté que jamais. L'arrivée du roman-feuilleton offre à l'auteur un nouveau support tout en lui permettant de toucher un nouveau public. Il abandonne le conte philosophique pour se consacrer au romanesque, qu'il utilise comme un moyen de se livrer à une étude du réel. Paraîtront alors en feuilleton un certain nombre de textes, comme *César Birotteau* (1837), *Une fille d'Ève* (1838-1839), *Pierrette* (1840) ou encore *Une ténébreuse affaire* (1841).

À la fin de l'année 1838, Balzac adhère à la Société des gens de lettres, une association qui a pour but de défendre les intérêts moraux et juridiques des auteurs. Il deviendra président de l'association le 16 août 1839, et président honoraire en 1841.

En 1840, Balzac réitère ses tentatives à l'élaboration d'un journal avec *La Revue parisienne*, où il publie *Z. Marcas*, nouvelle qui sera plus tard intégrée aux *Scènes de la vie politique* de *La Comédie humaine*. *La Revue Parisienne* signe un nouvel échec commercial pour l'auteur : elle cessera d'être imprimée au bout de trois parutions.

En 1841, Balzac signe un contrat de publication pour son œuvre *La Comédie humaine*. Celui-ci prévoit un total de dix-sept volumes, dont la parution doit s'échelonner entre 1842 et 1848. C'est l'occasion pour l'auteur de classer ses romans et de mettre à jour cette fresque de la société imaginée par l'auteur.

Toujours en manque d'argent, Balzac s'essaie de nouveau au théâtre avec *Vautrin*, jouée en 1840, mais interdite dès le lendemain, ou *Les Ressources de Quinola* (1842). Il publie aussi de nouveaux romans : *Un début dans la vie* (1842), *Albert Savarus* (1842), *Honorine* (1843), *La Muse du département* (1843), *Modeste Mignon* (1844) ainsi que *Splendeurs et misères des courtisanes* (1847).

À partir de 1847, le rythme de production de l'auteur se ralentit. Balzac est épuisé par son train de vie et a perdu l'inspiration. Il consacre son énergie à une nouvelle obsession : celle de pouvoir épouser Mme Hanska, à qui il a fait la cour pendant dix-huit ans par correspondance. Il ne publiera que deux écrits en 1848 : la pièce *La Marâtre* puis *L'Envers de l'histoire contemporaine*. Après cela, Balzac cesse complètement d'écrire. Le 14 mars 1850, après un séjour en Ukraine qui l'a affaibli un peu plus, Balzac peut enfin célébrer son mariage avec Mme Hanska. Mais la santé de l'auteur ne fait que se dégrader. Le 21 mai 1850, le couple revient à Paris. Balzac est soigné pour un œdème généralisé. Alors qu'il agonisait dans son lit, l'auteur aurait appelé à son chevet Horace Bianchon, son personnage de médecin dans *La Comédie humaine*. Honoré de Balzac meurt le 18 août 1850. Victor Hugo, qui fut son dernier visiteur, prononcera son oraison funèbre. Une grande foule se réunit pour les funérailles du romancier, avec parmi elle Alexandre Dumas et le ministre de l'Intérieur.

La veuve de Balzac se chargera des dernières œuvres inachevées de l'auteur, les faisant compléter et éditer à titre posthume. *Le Député d'Arcis*, débuté en 1847, paraît en 1854. *Les Paysans* sont publiés en 1855 et Les Petits bourgeois en 1856.

PRÉSENTATION DE
LA FILLE AUX YEUX D'OR

La Fille aux yeux d'or est un court roman d'Honoré de Balzac paru en 1835. Il se compose de trois chapitres : « Physionomies parisiennes », « Singulière bonne fortune » et « La force du sang ». Contrairement à la plupart des textes de cette époque, *La Fille aux yeux d'or* ne paraît pas dans une revue, mais directement en volume. Le roman est publié dans le 4e volume des *Scènes de la vie parisienne* et le tome XI des *Études de mœurs* de *La Comédie Humaine*. *La Fille aux yeux d'or* est le troisième et dernier volet de *L'Histoire des Treize*, il fut précédé par *Ferragus* (1833) et *La Duchesse de Langeais* (1834). Cette série se passant sous l'Empire décrit l'existence d'une société secrète, « Les Treize », dont la puissance et l'emprise sur la société est immense, et qui utilisent ce pouvoir pour s'entraider et satisfaire les besoins de leurs membres.

Dans *Ferragus*, Balzac se penchait sur la ville de Paris elle-même. Dans *La Duchesse de Langeais* son analyse s'intéressait au Faubourg Saint Germain et à la noblesse qui y réside. Dans *La Fille aux yeux d'or*, Balzac mène une étude du peuple parisien dans ses différents groupes sociaux. Cette analyse ouvre le récit et couvre toute la première partie, intitulée « Physionomies parisiennes ».

Le roman devait, au départ, s'intituler *La Fille aux yeux rouges*, comme annoncé dans la postface de *Ferragus* de 1833. L'adjectif « rouge » renvoyait alors à quelque chose de diabolique, tout en rappelant le thème du feu et des enfers, très présent dans le roman.

Le personnage de De Marsay est récurrent dans *La Comédie Humaine*. Figure politique par excellence, on suivra son ascension au pouvoir d'un roman à l'autre. On le rencontre dans *César Birotteau* (1837), *Illusions perdues* (1836-1843), ou encore *Le Contrat de mariage* (1835) où l'on observe son succès politique. Dans *Autre étude de femme* (1842), De Marsay est nommé premier ministre. Il est évoqué ou aperçu dans bon nombre d'autres romans de Balzac. Le récit de *La Fille aux yeux d'or* se déroule pendant la jeunesse de ce personnage emblématique, qui n'a alors que 24 ans.

Dans ce roman, Balzac fait la critique d'une société régie par l'argent, où l'on peut acheter les femmes et en faire ses possessions exclusives. *La Fille aux yeux d'or* est aussi un récit de la volupté et de la sensualité. Il n'y est pas tant question d'amour que de plaisir, l'auteur semble très inspiré par le thème de l'Orient, territoire mystérieux où tout est possible, qui a toujours fasciné Balzac.

Dans l'édition Furne de 1843, l'œuvre est dédiée à Eugène Delacroix. Balzac admirait en effet le travail du peintre, et s'est peut-être inspiré des tableaux *La Femme au perroquet* (1827) et *La Femme aux bas blancs* (1827-1832) pour créer sa Paquita. Le roman accorde, en outre, une grande importance au jeu des couleurs et à l'érotisme oriental, qui rappelle l'œuvre du peintre.

RÉSUMÉ DE L'ŒUVRE

Chapitre I : Physionomies parisiennes

Paris est une ville dominée par l'argent et dont tous les habitants ne vivent que pour les intérêts financiers et matériels. Deux choses régissent la capitale : l'or et le plaisir. C'est un enfer où évoluent toutes les classes sociales.

Un matin d'avril 1815, un jeune homme nommé Henri de Marsay se promène dans l'allée des Tuileries. Il s'agit du fils naturel de lord Dudley et de la marquise de Vordac. Délaissé par ses parents, il a été éduqué par un précepteur qui l'a pris en affection, nommé l'abbé de Maronis. À vingt-quatre ans, Henri de Marsay est un beau jeune homme à la tête bien faite, physiquement agile et adroit. Henri croise et salue le marquis de Ronquerolles, puis Paul de Manerville, un ami qui a récemment acquis un héritage et est venu conquérir la capitale. De Marsay explique à Manerville qu'il a rencontré ici une femme dont la beauté l'a saisi. Il a particulièrement été attiré par son regard, d'un jaune qui ressemblait à de l'or. Paul explique qu'il s'agit de la Fille aux yeux d'or, une jeune femme de vingt-deux ans qui vient souvent aux Tuileries. Autrefois, elle était accompagnée d'une autre femme, plus jolie qu'elle encore, et qui se trouve ressembler un peu à de Marsay. Bientôt, la fille aux yeux d'or réapparaît, accompagnée d'une vieille femme. De Marsay et Paul la suivent pour l'admirer de loin. La jeune fille entre dans un fiacre et, pendant que la vieille femme ne regarde pas, agite son mouchoir pour faire signe à Henri de la suivre. De Marsay monte dans un autre fiacre et suit la fille aux yeux d'or jusqu'à un hôtel luxueux de la rue Saint Lazare.

Chapitre II : Singulière bonne fortune

Le lendemain, De Marsay envoie son valet de chambre,

Laurent, devant l'hôtel de la fille aux yeux d'or et apprend qu'elle se nomme Paquita Valdès. Elle vit avec la marquise de San Réal. Leur hôtel est si bien gardé que personne ne peut y entrer. Paquita Valdès est aussi surveillée en permanence par Concha Marialva. Dans ces conditions, la fille aux yeux d'or semble à De Marsay un challenge à relever, et cela ne fait que renforcer son attrait pour elle.

Apprenant que Paquita reçoit régulièrement des lettres depuis Londres, De Marsay se procure le nécessaire pour imiter l'une de ces lettres et faire parvenir un message à la jeune fille. Dans sa lettre, De Marsay se présente sous le nom d'Adolphe de Gouges et avoue à Paquita la passion qu'il éprouve pour elle. Il lui demande de lui écrire en retour ou bien, si elle ne le peut pas, d'utiliser le flacon d'opium qu'il lui fera parvenir pour endormir son chaperon. Le lendemain, alors qu'il a fait parvenir sa lettre à Paquita, De Marsay reçoit la visite d'un interprète nommé Poincet, accompagné d'un noir espagnol. Ce dernier rend à De Marsay la lettre qu'il a écrite à Paquita, et lui donne rendez-vous le lendemain matin sur le boulevard Montmartre, où une voiture l'attendra.

Tout le mystère et le danger de l'aventure piquent encore plus l'intérêt de Henri. Il se rend au rendez-vous et l'espagnol le conduit jusqu'à une maison sombre et en apparence inhabitée. Dans le salon, il découvre Paquita, accompagnée d'une très vieille femme. Paquita explique qu'il s'agit de sa mère, une esclave venue de Georgie. Puis elle dit à De Marsay qu'ils n'ont que douze jours devant eux, avant d'être séparés. De Marsay se fait pressant et lui demande de s'offrir à lui dès maintenant. Paquita accepte de devenir sa maîtresse, mais pas ce soir, elle a trop peur que quelqu'un ne découvre son absence. Elle lui donne un nouveau rendez-vous dans deux jours.

Henri se présente au rendez-vous et retrouve l'homme

noir, qui se nomme Christemio, et qui demande à bander les yeux de De Marsay. Ce dernier résiste d'abord mais, devant la détermination de Christemio, qui le menace d'un poignard, il finit par capituler. On le mène jusqu'à une maison et lorsqu'on lui retire son bandeau, Henri découvre une chambre luxueuse. Paquita se trouve face à lui. Elle est prête à se donner à lui, mais refuse de lui répondre lorsqu'il demande à qui appartient cette maison. Henri s'agace, mécontent de savoir que Paquita n'est pas à lui seul. Mais la jeune femme, mystérieuse et qui semble craindre la mort en permanence, l'intrigue, et il finit par se calmer. Ils passent la nuit ensemble, Paquita lui demande de partir au levé du jour. Elle lui demande de revenir le lendemain, puis on bande à nouveau les yeux d'Henri, qui est ramené sur le boulevard Montmartre.

Chapitre III : La force du sang

Le lendemain soir, De Marsay retourne au rendez-vous. Il a à nouveau les yeux bandés, mais tente de deviner par quelles rues la voiture passe. Lorsqu'ils s'arrêtent, il pense se trouver devant l'hôtel de San Rèal. Il se retrouve bientôt devant Paquita et s'aperçoit qu'elle a pleuré. Elle le supplie de l'emmener loin d'ici, parce que cet endroit sera sa perte. Henri lui explique qu'il ne peut quitter Paris, étant lié à d'autres hommes par un serment. Paquita lui montre les lettres qu'elle reçoit de Londres, qui sont de drôles de symboles écrits en lettres de sang. Elle explique être aimée passionnément par une femme puissante, qui ne l'a jamais laissée sortir ou rencontrer quiconque d'autre que les quelques personnes avec lesquelles elle vit. Cette existence l'a satisfaite jusqu'à ce qu'elle rencontre De Marsay et connaisse le véritable amour.

Exalté par l'intensité de l'amour que la jeune femme lui porte, Henri lui propose de quitter le pays tous les deux.

Paquita l'enlace, mais, alors qu'ils s'embrassent, Paquita laisse échapper le nom d'une autre : Mariquita. De Marsay voit là la preuve de la duplicité de Paquita, qui aime quelqu'un d'autre et ne fait que se servir de lui comme substitut. Furieux, il s'attaque à elle et une courte lutte s'ensuit, jusqu'à ce que Christemio intervienne et mette De Marsay à terre. Paquita ne comprend pas et veut savoir pourquoi son amant a tenté de la tuer. De Marsay refuse de s'expliquer, et la jeune fille finit par le laisser repartir, désespérée.

Henri, qui n'a jamais été capable de pardonner, est résolu à tuer Paquita, tout en sachant que s'il le fait, Christemio jurera sa mort en retour. Pendant une semaine, Henri disparaît de la ville, puis revient et, accompagné de trois amis, il se rend chez Paquita. L'un de ses compagnons est Ferragus, le chef des Dévorants. Mais lorsqu'ils entrent dans la maison, ils découvrent Paquita dans une mare de sang aux pieds de la Marquise de San Réal, qui tient un poignard à la main. La marquise a découvert que Paquita s'est donnée à un homme et est entrée dans une rage folle contre son esclave. Lorsque la marquise aperçoit Henri, elle le reconnaît et comprend qu'ils partagent le même père : lord Dudley. Henri est le double masculin de la marquise, raison pour laquelle Paquita a éprouvé de l'attirance pour lui.

LES RAISONS
DU SUCCÈS

Le XIXe siècle est principalement marqué par le mouvement romantique, dont Victor Hugo est l'un des principaux représentants. Avec des romans tels que *Les Misérables* (1862) ou *Notre-Dame de Paris* (1831), l'auteur a développé et rendu célèbres les caractéristiques de ce courant. Apparu en 1820, le romantisme se veut une littérature centrée sur le sentiment. Il s'intéresse à des thèmes tels que ceux de l'amour, du doute et de la mélancolie. Il présente souvent des personnages en proie à une destinée qui les dépasse. Le romantisme est notamment développé par Chateaubriand (1768-1848) avec ses *Mémoires d'outre-tombe* publiées en 1850. Mais c'est le poète Lamartine (1790-1869) qui apportera véritablement le romantisme en France avec la publication des *Méditations poétiques* en 1820. Alfred de Musset (1810-1857) s'inscrira aussi dans ce mouvement avec *La Confession d'un enfant du siècle*, parues en 1836 et inspirées de sa rupture difficile avec George Sand.

L'intrigue de *La Fille aux yeux d'or* tourne autour des sentiments amoureux de De Marsay pour une femme à la beauté exceptionnelle. La situation de Paquita, esclave qui n'a jamais connu l'indépendance et qui apprend les plaisirs de l'amour pour la première fois avec De Marsay, rappelle les héroïnes romantiques effarouchées. Le récit met aussi en place un triangle amoureux entre la marquise de San réal, Paquita et Henri De Marsay.

Cependant, plusieurs choses écartent ce récit du romantisme. La liaison entre De Marsay et Paquita n'est pas tant amoureuse que sexuelle. Paquita se donne à son amant sans hésitation, contrairement à une héroïne romantique digne de ce nom qui penserait à sa dignité. Cette dernière est d'ailleurs considérée surtout comme une possession par tous les protagonistes, elle n'a qu'un seul but : procurer du plaisir à ses propriétaires. Le roman présente aussi des relations peu conventionnelles au XIXe siècle, puisque Paquita entretien une relation amoureuse avec une autre femme, la Marquise de San-Réal. Là encore, il est moins question d'amour que de possession. Paquita, écartelée entre ses sentiments pour la Marquise et ceux pour De Marsay, connaîtra la fin tragique d'une héroïne romantique, assassinée par son amante bafouée. Mais cette mort tragique est très vite dédramatisée à la manière dont le corps de Paquita est nettoyé de la scène, comme si elle n'avait soudain plus la moindre importance pour personne, ainsi qu'à la dernière phrase ironique de De Marsay lorsqu'il explique que Paquita est morte « de la poitrine ».

La deuxième moitié du XIXe siècle voit l'émergence du mouvement réaliste en France. En réaction à la grandiloquence du romantisme, les auteurs expriment leur désir de ramener la littérature à quelque chose de plus vrai. Leurs romans deviennent alors le résultat d'une observation minutieuse de la vie réelle. Le réalisme a pour objectif d'étudier les mœurs d'un milieu en toute objectivité, allant parfois jusqu'à s'inspirer de faits divers. Les maîtres à penser de ce mouvement furent Flaubert (1821-1880), Stendhal (1783-1842) ou encore Balzac (1799-1850). Gustave Flaubert croit en la nécessité de refléter la réalité en littérature et contribue au courant réaliste avec des romans comme *Madame Bovary* (1857), *Salammbô* (1862) ou encore *Bouvard et Pécuchet* (1881). Balzac est considéré comme le précurseur du réalisme, dont il a créé les principes fondateurs dans les premiers romans de *La Comédie Humaine*, où il s'est attaché à recréer la société française de son époque. *Gobseck* (1830), premier roman des *Scènes de la vie privée*, constitue une étude de mœurs précise et détaillée, avec le souci de coller au plus près à la réalité. C'est cette obsession de la vraisemblance qui établira les bases du mouvement réaliste.

Dans la première partie de *La Fille aux yeux d'or*, intitulée « Physionomies parisiennes », Balzac se place en observateur et propose une étude approfondie de la société parisienne. Il dépeint la capitale et ses habitants. Balzac exprime son désir de décrire un Paris réaliste, « comme la nature », et d'étudier la physionomie des différentes classes sociales : « Cette nature sociale s'occupe d'insectes, de fleurs d'un jour, de bagatelles, d'éphémères, et se jette aussi feu et flamme par son éternel cratère. Peut-être avant d'analyser les causes qui font une physionomie spéciale à chaque tribu de cette nation intelligente et mouvante, doit-on signaler la cause générale qui en décolore, blêmi, bleuit et brunit plus ou moins les individus. » Les « quelques observations sur l'âme de Paris » que l'auteur se propose de mener ont pour but d'expliquer les « causes de sa physionomie ». L'objectif est donc à la fois d'obtenir un rendu réaliste de l'époque et du milieu observé, et d'apporter des explications à ces observations. Si la position de Balzac semble vouloir être celle de l'examinateur neutre, on remarque rapidement que l'auteur apporte d'emblée un jugement péjoratif sur ce qu'il décrit. Son but est donc, en plus de l'observation, celui de dénoncer. *La Fille aux yeux d'or* commence en effet en ces termes : « Un des spectacles où se rencontre le plus d'épouvantement est certes l'aspect horrible de la population parisienne, peuple horrible à voir, hâve, jaune, tanné. »

La Fille aux yeux d'or a choqué une partie de la critique par sa mise en scène d'une relation amoureuse entre femmes, mal considérée par les mœurs de l'époque. En 1845, *Le Bulletin de censure* écrira ainsi à propos de *La Fille aux yeux d'or* : « Ce roman est tout simplement absurde, de tout point immoral et impossible. » Un article de *La Revue de Paris* paru en août 1835 s'indigne lui aussi du thème abordé par Balzac : « M. de Balzac est l'historien privilégié des femmes [...] M. de Balzac est le conteur par excellence, l'homme des nuances et des détails [...] Eh bien ! Savez-vous ce qu'imagine aujourd'hui M. de Balzac ? Savez-vous où il va prendre ses héroïnes ? Quelles mœurs il nous représente ? [...] Quand le mot de l'énigme s'est enfin révélé, j'ai pensé qu'il eut mieux valu que le jour ne se fût jamais levé sur cette ténébreuse apocalypse. [...] Il est des choses qu'il ne faut pas savoir, dont on peut fort bien parler dans un déjeuner de garçons, après le champagne, mais qu'il est tout à fait inutile de raconter et d'enseigner aux dames. »

On reproche à Balzac le caractère peu convenable, vulgaire, voire immoral de ce texte, et on déplore qu'il n'exerce pas plutôt son talent dans le roman réaliste social. C'est ce qu'exprime ce même article de *La Revue de Paris* qui affirme que Balzac doit « retrouver l'inspiration et le style d'*Eugénie Grandet*, de *La Famille Claes*, de toutes ces histoires qu'il conte si bien. » *La Gazette de France* du 7 mai 1835 est du même avis : « Nous avons plus d'une fois exprimé notre opinion sur M. de Balzac, écrivain spirituel et rempli d'imagination, mais dont la pensée est trop souvent hors de la vérité sociale, de même que trop souvent aussi son style blesse le goût. »

La Fille aux yeux d'or n'est pas non plus du goût de Mme Sophie C., rédactrice au *Petit courrier des dames*. Dans un article du 30 novembre 1835, cette dernière déplore la violence du récit et de ses personnages. « Nous ne recommandons la lecture de ce monstrueux drame qu'à celles de nos lectrices dont les nerfs ne seront pas trop délicats, et encore ne vaudrait-il pas mieux s'abstenir, malgré tous les charmes de Paquita, de faire la connaissance avec elle, et surtout avec M. Henri et sa terrible sœur, qui ne peut passer, d'après le sens que nous donnons à ce mot, pour une femme de Balzac. » Le personnage d'Henri de Marsay en particulier représente, pour cette défenseuse de l'image de la femme, la figure masculine typique chez Balzac : « C'est une créature infernale née du cerveau de M. de Balzac, comme presque tous ses hommes, pour faire ombre à la femme. »

On sent dans *La Fille aux yeux d'or* l'influence du roman noir, et plus particulièrement d'Ann Radcliffe (1764-1823), qui a popularisé le roman gothique en Angleterre. Balzac a déjà copié le style de Radcliffe en 1822 dans *L'Héritière de Birague*, une œuvre de jeunesse où, sous le pseudonyme de Lord R'Hoone, l'auteur reprend les codes du roman noir jusqu'à l'excès. Dans la préface de Ferragus, premier roman de la trilogie de *L'Histoire des Treize*, Balzac se défend d'user des techniques invraisemblables du roman noir : « Un auteur doit dédaigner de convertir son récit, quand ce récit est véritable, en une espèce de joujou à surprise, et de promener, à la manière de quelques romanciers, le lecteur, pendant quatre volumes, de souterrains en souterrains, pour lui montrer un cadavre tout sec, et lui dire, en forme de conclusion, qu'il lui a constamment fait peur d'une porte cachée dans quelque tapisserie, ou d'un mort laissé par mégarde sous des planchers. »

Les romans de *L'Histoire des Treize* reprennent pourtant bon nombre de codes de ce genre. La présence d'une société secrète mystérieuse, qui agit de manière cachée et ne recule devant rien, pas même le crime, est un thème évident du roman noir. Dans *La Fille aux yeux d'or*, en plus de cette force secrète dont dispose De Marsay en tant que membre des treize, nous sommes mis en présence d'une situation énigmatique : Paquita est l'esclave d'une femme riche dont on n'apprend l'identité qu'à la fin, où certains secrets sont révélés. Le sort réservé à Paquita, tuée à coups de poignard avec une grande violence, participe aussi du roman noir : « Son corps, déchiqueté à coups de poignard par son bourreau, disait avec quel acharnement elle avait disputé une vie qu'Henri lui rendait si chère. Elle gisait à terre, et avait, en mourant, mordu les muscles du cou-de-pied de madame de San-Réal, qui gardait à la main son poignard trempé de sang. La marquise avait les cheveux arrachés, elle était couverte de morsures, dont plusieurs saignaient, et sa robe déchirée la laissait voir à demi-nue, les seins égratignés. » L'auteur décrit la scène avec force détails sanglants, apportant un dénouement terrifiant à son récit. Le nom d'Ann Radcliffe est d'ailleurs cité directement dans le roman, lorsque De Marsay se rend au premier rendez-vous fixé par Paquita : « Il reconnut cette sensation que lui procurait la lecture d'un de ces romans d'Anne Radcliffe où le héros traverse les salles froides, sombres, inhabitées, de quelque lieu triste et désert. »

La Fille aux yeux d'or s'inscrit dans la lignée du roman libertin, qui trouve son apogée au XVIIIᵉ siècle. En effet, la liaison entre Paquita et De Marsay relève moins de sentiments amoureux que de désir et de sexualité. Paquita est d'ailleurs une possession achetée dans l'unique but de satisfaire les désirs de sa propriétaire, et dont seuls les talents pour la sensualité ont été développés. De Marsay, subjugué par Paquita, désire avant tout l'obtenir pour lui seul, et lorsqu'il apprend que ce n'est pas le cas, il résout aussitôt de tuer la jeune fille. Le personnage de De Marsay évoque les Liaisons dangereuses de Laclos ainsi que *Justine ou les Malheurs de la vertu*, de Sade : « On nous parle de l'immoralité des *Liaisons dangereuses*, et de je ne sais quel autre livre qui a un nom de femme de chambre ; mais il existe un livre horrible, sale, épouvantable, corrupteur, toujours ouvert, qu'on ne fermera jamais, le grand livre du monde, sans compter un autre livre mille fois plus dangereux, qui se compose de tout ce qui se dit à l'oreille, entre hommes, ou sous l'éventail entre femmes, le soir, au bal. » L'objectif de l'auteur est donc de mettre en relation les récits libertins considérés comme immoraux et la réalité des mœurs secrètes parisiennes.

Le thème de l'amour d'une femme pour une autre femme est aussi évoqué, la même année, par Théophile Gautier dans son roman épistolaire *Mademoiselle de Maupin* (1835).

Balzac était un admirateur de Delacroix, dont il avait remarqué les œuvres au Salon de 1824. Dans *La Maison du chat qui pelote* (1830), l'auteur met en scène le personnage de Théodore de Sommervieux, un peintre dandy voué à la beauté et à l'art qui fut peut-être inspiré de Delacroix. Balzac écrit à Mme Hanska : « Si j'étais riche, je vous enverrai un tableau de Delacroix », prouvant son admiration pour le travail du peintre. Dans l'édition de 1843, Balzac dédicace *La Fille aux yeux d'or* à Delacroix, reconnaissant ainsi l'influence du peintre sur son écriture. Car ce roman démontre une volonté de l'auteur de peindre avec des mots, par l'utilisation d'un vocabulaire des couleurs et de l'accumulation dans ses descriptions. Le boudoir de Paquita, notamment, est décrit de manière à évoquer une peinture : « Les chatoiements de la tenture, dont la couleur changeait suivant la direction du regard, en devenant toute blanche, ou toute rose, s'accordaient avec les effets de la lumière qui s'infusait dans les diaphanes tuyaux de la mousseline, en produisant de nuageuses apparences. L'âme a je ne sais quel attachement pour le blanc, l'amour se plaît dans le rouge, et l'or flatte les passions, il a la puissance de réaliser leurs fantaisies. » Balzac a pu s'inspirer de *La Femme au perroquet* pour créer sa fille aux yeux d'or. Il évoque aussi *La Femme caressant sa chimère* dans le roman : « Elle est l'original de la délirante peinture, appelée *La Femme caressant sa chimère*, la plus chaude, la plus infernale inspiration du génie antique ; une sainte poésie prostituée par ceux qui l'ont copiée pour les fresques et les mosaïques [...] » Paquita semble avoir été conçue comme une œuvre d'art, comme la peinture d'une femme plutôt que comme une vraie femme. Le détail des descriptions de scènes figées ont pour but d'imprimer une image dans l'esprit du lecteur : « Ce fut au milieu d'une vaporeuse atmosphère chargée de parfums exquis que Paquita, vêtue d'un peignoir blanc, les pieds nus, des fleurs d'oranger dans ses cheveux noirs, apparut à Henri, agenouillée devant lui […] En apercevant, au milieu de ce réduit éclos par la baguette d'une fée, le chef-d'œuvre de la création, cette fille dont le teint chaudement coloré, dont la peau douce, mais légèrement dorée par les reflets rouges et par l'effusion de je ne sais quelle vapeur d'amour, étincelait comme si elle eût réfléchi les rayons des lumières et des couleurs, sa colère, ses désirs de vengeance, sa vanité blessée, tout tomba. »

LES THÈMES
PRINCIPAUX

Comme pour les deux premiers romans de *L'Histoire des Treize*, le thème principal de *La Fille aux yeux d'or* est la description de Paris. Balzac s'attache à décrire un lieu où la population se serre et se bouscule, où les gens vivent dans une sorte de frénésie, toujours animés d'une activité fiévreuse. C'est un « vaste atelier de jouissance », où se concentrent tous les désirs de l'homme et où il peut tous les réaliser : « Que veulent-ils ? De l'or, ou du plaisir ? » Paris est décrit comme un lieu de tentations, mais aussi comme un piège exerçant une forme d'envoûtement sur ceux qui y passent : « Les étrangers […] éprouvent tout d'abord un mouvement de dégoût pour cette capitale […] d'où bientôt eux-mêmes ils ne peuvent sortir, et restent à s'y déformer volontiers. » La vie parisienne a un effet néfaste sur ses habitants, qu'elle marque physiquement : « Peuple horrible à voir, hâve, jaune, tanné. » C'est une ville où la nature a été tordue, renversée : « Quelques observations sur l'âme de Paris peuvent expliquer les causes de sa physionomie cadavéreuse qui n'a que deux âges, ou la jeunesse ou la caducité : jeunesse blafarde et sans couleur, caducité fardée qui veut paraître jeune. » Paris est le lieu de tous les vices, un Enfer où les pires défauts sont exacerbés, « dont les visages contournés, tordus, rendent par tous les pores l'esprit, les désirs, les poisons dont sont engrossés leurs cerveaux ; non pas des visages, mais bien des masques : masques de faiblesse, masques de force, masques de misère, masques de joie, masques d'hypocrisie […] ». Balzac brosse le portrait d'une population où règnent les apparences et la recherche des plaisirs, au point de se déshumaniser. Balzac reprend l'idée développée dans *La Peau de chagrin*, selon laquelle l'énergie vitale de l'homme s'userait à mesure qu'il commet des excès et se laisse emporter par ses passions. C'est pourquoi on rencontre dans Paris des jeunes déjà vieux : « Là règne l'impuissance ; là plus d'idées, elles ont passé comme l'énergie dans les simagrées du boudoir, dans les singeries féminines. Il y a des blancs becs de quarante ans, de vieux docteurs de seize ans. » Cette usure générale causée par une vie dictée par les plaisirs est, pour l'auteur, « la cause générale qui en décolore, blêmit, bleuit et brunit plus ou moins les individus ».

Balzac livre une critique acerbe de la capitale, lieu de tous les excès qui empoisonne tous ceux qui y vivent.

Balzac compare la ville de Paris à un Enfer, à la fois un lieu de tentations et de vices, mais aussi un lieu où la vie ardente et la mort se côtoient. Paris est une ville où « tout fume, tout brûle, tout bouillonne », où la frénésie de la vie est partout. Mais c'est aussi un lieu où « tout flambe, s'évapore, s'éteint », autrement dit un lieu de destruction. L'image du dieu Vulcain est évoquée pour symboliser Paris et ses habitants : « Vulcain, avec sa laideur et sa force, n'est-il pas l'emblème de cette laide et forte nation, [...] inflammable comme la poudre, et préparée à l'incendie révolutionnaire par l'eau-de-vie, enfin assez spirituelle pour prendre feu sur un mot captieux qui signifie tout pour elle : or et plaisir ! » Les habitants de la capitale sont eux aussi décrits comme des êtres presque démoniaques : « Peu de mots suffiront pour justifier physiologiquement la teinte presque infernale des figures parisiennes, car ce n'est pas seulement par plaisanterie que Paris a été nommé un enfer. » Le personnage de De Marsay symbolise parfaitement ce caractère diabolique. Comme le diable, il est représenté par sa beauté envoûtante et son orgueil démesuré : « Il avait de lui, non pas l'opinion que Louis XIV pouvait avoir de soi, mais celle que les plus orgueilleux des Kalifes, des Pharaons, des Xerxès qui se croyaient de race divine, avaient d'eux-mêmes quand ils imitaient Dieu en se voilant à leurs sujets, sous prétexte que leurs regards donnaient la mort. » Son appartenance à la mystérieuse et puissante société des Treize lui permet d'obtenir tout ce qu'il désire et rien ne semble capable de résister à sa volonté. De Marsay est aussi caractérisé par sa froideur implacable : « Ainsi, sans avoir aucun remords d'être à la fois juge et partie, de Marsay condamnait froidement à mort l'homme ou la femme qui l'avait offensé sérieusement. »

Cet enfer parisien semble condamner ses habitants aux rapports de violence, tout en les empêchant d'éprouver les sentiments d'amour et d'affection les plus naturels. Même l'amour filial est aboli : Lord Dudley a abandonné ses enfants à la naissance et ne s'est jamais soucié d'eux, tandis que la mère de Paquita l'a vendue comme esclave. La notion d'amour, dans *La Fille aux yeux d'or*, n'est en réalité qu'un concept ayant trait à la possession et au pouvoir sur autrui.

Balzac décrit les différentes classes sociales qui se rassemblent à Paris comme étant cinq cercles de cet enfer qu'est la capitale. Le premier cercle est celui des prolétaires : « L'homme qui remue ses pieds, ses mains, sa langue, son dos, son seul bras, ses cinq doigts pour vivre ; eh bien ! Celui-là qui, le premier, devrait économiser le principe de sa vie, il outrepasse ses forces, attelle sa femme à quelque machine, use son enfant et le cloue à un rouage. » Une classe laborieuse et malheureuse, qui use sa vie à travailler et qui jamais ne se hissera au-delà de sa condition.

Le deuxième cercle de l'enfer parisien est habité par les petits bourgeois, qui se tuent eux aussi à la tâche dans l'espoir de se consolider une place dans la capitale, et terminent vieillis prématurément : « Le petit bourgeois persiste à vivre et vit, mais crétinisé : vous le rencontrez la face usée, place, vieille, sans lueur aux yeux, sans fermeté dans la jambe, se traînant d'un air hébété sur le boulevard, la ceinture de sa Vénus, de sa ville chérie. »

Le troisième cercle est celui des hommes d'affaire : « La foule des avoués, médecins, notaires, avocats, gens d'affaires, banquiers, gros commerçants, spéculateurs, magistrats. » Dans ce « ventre parisien » se pressent des hommes ambitieux qui cherchent à faire carrière, mais à qui Balzac ne prédit pas un avenir radieux : « Le bourgeois ambitieux qui, après une vie d'angoisses et de manœuvres continuelles, passe au Conseil d'état comme une fourmi passe par une fente ; soit comme rédacteur de journal, roué d'intrigues, que le Roi fait pair de France, peut-être pour se venger de la noblesse ; soit quelque notaire devenu maire de son arrondissement, tous gens laminés par les affaires et qui, s'ils arrivent à leur but, y arrivent tués. »

Le quatrième cercle regroupe les artistes, il est celui auquel appartient Balzac. L'auteur décrit des visages « noblement brisés, mais brisés, fatigués, sinueux ». Les artistes sont « excédés par un besoin de produire » et cherchent à « concilier le monde et la gloire, l'argent et l'art ». Une quête vaine, pour l'auteur, dans ce Paris implacable où « la concurrence, les rivalités, les calomnies assassinent ces talents. Les uns, désespérés, roulent dans les abîmes du vice, les autres meurent jeunes et ignorés pour s'être escompté trop tôt leur avenir ».

Le cinquième et dernier cercle social est celui qui domine tous les autres. Le monde de la noblesse est celui où l'on respire, où l'on trouve de l'espace : « Maintenant, ne respirez-vous pas ? Ne sentez-vous pas l'air et l'espace purifiés ? Ici, ni travaux ni peines. La tournoyante volute de l'or a gagné les sommités. » Ce cercle est donc celui du luxe et de l'oisiveté, où les vies sont ridiculement faciles, au point d'en être ennuyeuses. Ici, on abuse des plaisirs jusqu'à l'écœurement et l'on se noie dans le vice : « Mais abordons les grands salons aérés et dorés, les hôtels à jardins, le monde riche, oisif, heureux, renté. Les figures y sont étiolées et rongées par la vanité. Là, rien de réel. Chercher le plaisir, n'est-ce pas trouver l'ennui ? Les gens du monde ont de bonne heure fourbu leur nature. N'étant occupés qu'à se fabriquer de la joie, ils ont promptement abusé leurs sens, comme l'ouvrier abuse de l'eau-de-vie. »

Comme bon nombre d'auteurs de son époque, Balzac est fasciné par l'Orient, lieu fantasmé où se conjuguent volupté et désirs. En 1832, l'auteur eu l'idée d'un récit oriental qu'il n'écrira finalement jamais, et qu'il décrivit ainsi : « L'intérieur d'un harem. Une femme aimant une autre femme et tout ce qu'elle fait pour la préserver du maître. » Il retrouvera cet Orient rêvé dans les peintures de Delacroix, dont il va s'inspirer. Dans *La Fille aux yeux d'or*, Balzac fait entrer l'Orient en plein cœur de Paris avec le personnage de Paquita et l'hôtel de San-Réal, décrit comme un sérail d'orient. Il est en effet impénétrable, protégé par une série de portes mystérieuses et par des mots de passe. L'échange de lettres grâce auquel Paquita et Henri se donnent rendez-vous en secret rappelle une scène des *Mille et une nuits*. Paquita est décrite comme un parfait mélange d'exotisme : « Cette belle nature tenait aux houris de l'Asie par sa mère, à l'Europe par son éducation, aux tropiques par sa naissance. » Le boudoir de Paquita représente un lieu de mystères, où l'on ne peut pénétrer que la nuit et dans le plus grand secret. Sa description le rattache à la mode orientale, avec une profusion de blanc, de rouge, d'or et de noir. On y trouve du cachemire, de la soie, des étoffes et de la mousseline des Indes, ainsi qu'un divan turc. Balzac fait en réalité la description de son propre boudoir, situé dans son appartement de Paris et qu'il a arrangé selon la mode orientale. Le boudoir de Paquita figure une manifestation presque hallucinatoire de l'Orient dans l'Occident. La sensualité idéalisée de Paquita, créature uniquement destinée à l'amour, participe de cette réalisation du fantasme oriental de l'auteur : « Ce fut un poème oriental, où rayonnait le soleil que Saadi, Hafiz ont mis dans leurs bondissantes strophes. »

ÉTUDE DU MOUVEMENT LITTÉRAIRE

Apparu en France au milieu du XIXe siècle, le réalisme est un mouvement à la fois pictural et littéraire. En réaction au romantisme qui mettait le sentiment en exergue au prix, parfois, de la vraisemblance, le réalisme s'efforce d'effectuer une reproduction la plus fidèle possible du réel. Le roman réaliste constitue une représentation du quotidien et s'intéresse à toutes les classes sociales. Les auteurs de ce mouvement se font observateurs avant tout : ils doivent décrire ce qu'ils connaissent, en toute objectivité, sans chercher à l'embellir. Le réalisme est une étude des mœurs de la société et des individus qui la composent. Dans leur souci du vrai et leur détermination à éviter toute recherche du spectaculaire ou de l'héroïque, les romanciers réalistes s'opposent aux mouvements historique, romantique ou lyrique. Plutôt que de se considérer comme un art, le roman réaliste s'inscrit dans un objectif scientifique. Plus qu'un simple divertissement, il se doit d'apporter quelque chose à la société. Cette recherche constante du vrai et de l'objectivité s'accompagne parfois d'une absence de style : le réalisme décrit la réalité telle qu'elle est, même lorsqu'elle est ordinaire, médiocre ou vulgaire. Le réalisme rejette aussi la technique du narrateur qui intervient dans l'histoire, et met en avant son personnage. Le roman est vu à travers son regard et son point de vue est le seul qui soit donné à l'auteur. La recherche du réel se traduit également par un récit précisément ancré dans l'espace, avec des descriptions de lieux très détaillées.

Le mouvement réaliste naît dans une période marquée par les bouleversements. La révolution industrielle provoque un développement de l'édition et de la presse, ces deux univers s'allient même dès 1836 pour créer les romans-feuilletons. La littérature devient alors plus universelle, elle peut toucher un plus grand nombre. En outre, l'apparition du prolétariat et des premières manifestations ouvrières deviennent une nouvelle source de préoccupation et d'inspiration pour les auteurs.

Le réalisme littéraire entretient une relation étroite avec la peinture. C'est d'ailleurs dans cet art que le réalisme a pour la première fois fait parler de lui, à travers le tableau de Gustave Courbet *Un enterrement à Ornans*. Le tableau suscita une polémique et on accusa le peintre de représenter le vulgaire et le laid. L'œuvre devint rapidement un manifeste du réalisme, duquel est né par la suite le réalisme littéraire.

En 1856 est lancée la revue *Réalisme*. Créée par le romancier Louis-Edmond Duranty (1833-1880). La revue critique le romantisme et la vision uniquement divertissante de la littérature. À propos de l'objectif de la revue, Duranty écrira : « Beaucoup de romanciers, non réalistes, ont la manie de faire exclusivement dans leurs œuvres l'histoire des âmes et non celle des hommes tout entiers. [...] Or, au contraire, la société apparaît avec de grandes divisions ou professions qui *font* l'homme et lui donnent une physionomie *plus saillante* encore que celle qui lui est faite par ses instincts naturels ; les principales passions de l'homme s'attachent à sa profession sociale, elle exerce une pression sur ses idées, ses désirs, son but, ses actions. »

Le réalisme s'est progressivement imposé dans le monde entier. Il apparaît d'abord en Allemagne, vers 1830, avant de se propager en Angleterre puis aux autres pays, jusqu'à la Russie et les États-Unis. Cependant, c'est en France qu'il aura la plus grande influence, grâce à un certain nombre d'auteurs investis dans ce mouvement. Balzac, Stendhal, Flaubert, Zola, Maupassant, Huysmans sont autant de noms qui ont contribués au développement du réalisme.

Alors que les mouvements précédents se faisaient souvent idéalistes, décrivant la vie comme elle devrait être, plus heureuse et plus juste, récompensant les gens honnêtes et braves et punissant les personnes mauvaises, le réalisme décrit le monde comme il est réellement, sans rien cacher. Il n'hésite pas à montrer la misère sociale des classes défavorisées dans des romans qui ont rarement une fin heureuse ou morale. Le réalisme est en cela pessimiste, mais dans une volonté d'ouvrir les yeux de la population, de lui faire prendre conscience de certains aspects de la société qui pourraient leur être inconnus.

Le réalisme se divise principalement en trois courants : le premier traite de la littérature comme d'un reportage journalistique, un état des faits totalement objectif. C'est la technique employée par Champfleury (1821-1889), qui était par ailleurs journaliste et qui fut l'un des défenseurs du réalisme. Le deuxième courant, représenté notamment par Flaubert, Baudelaire, et plus tard Proust, associe le critère du beau à celui du vrai. Le troisième courant est celui des œuvres engagées. Les romans ne sont pas préoccupés par l'art, ils ont une portée sociale, un message à faire passer. Le réalisme affirme ainsi un désir de dénoncer et de contribuer à une réformation de la société. C'est cette volonté qui fit des réalistes des écrivains polémiques qui verront souvent leurs œuvres soumises à des procès et censurées, comme ce fut le cas de Flaubert, Baudelaire ou encore Maupassant.

Le réalisme naît aussi d'une époque particulière, qui voit apparaître les sciences humaines. Les auteurs peuvent alors se servir des connaissances nouvellement acquises en biologie, psychologie et sociologie pour élaborer leurs personnages et leurs intrigues.

En accord avec les évolutions de son époque, le mouvement réaliste s'attache à représenter les classes sociales jusque-là délaissées par la littérature. Celle des ouvriers, des hommes qui vivent dans la misère, des prostituées... Des thèmes tels que ceux du travail, des relations homme-femme ou des injustices sociales deviennent les préoccupations principales des romanciers. En outre, la nécessité de se fonder sur le réel et des expériences vécues donnera un aspect plus personnel au roman, qui se fait souvent plus ou moins autobiographique.

Les auteurs traiteront de ces thèmes chacun à leur façon. Ainsi, Balzac, dans *La Comédie humaine*, n'hésite pas à décrire des réalités communément ignorées par la littérature parce que trop vulgaires ou trop banales. Balzac présentera le quotidien de toutes les classes sociales, excepté la classe ouvrière. Ses romans critiquent notamment la place trop importante de l'argent dans la société.

Le réalisme se caractérise également par la dimension pédagogique qu'il s'efforce d'adopter. En effet, des auteurs comme Balzac, Stendhal ou Zola auront à cœur d'expliquer dans le détail certains aspects de la société. L'écriture est vue comme un moyen d'enseignement. Elle apprend, révèle et ouvre les yeux sur certains aspects méconnus de la société.

Dans sa recherche de véracité, le réalisme en vient à devenir un mouvement de déconstruction des idées véhiculées jusqu'ici : celles d'un optimisme, d'une morale et d'une justice que l'observation de la réalité a démentie. L'homme n'est plus mis en valeur mais présenté dans toute sa nudité, avec ses défauts et ses failles. Son succès ou ses échecs ne sont plus conditionnés par son mérite mais par le fonctionnement, souvent arbitraire et injuste, de la société moderne.

On ne peut parler du réalisme sans évoquer le mouvement qu'il a initié, et qui s'est placé dans sa continuation directe : le naturalisme. Issu directement des principes réalistes, il est élaboré par Émile Zola dans un désir de renforcer l'aspect scientifique de la démarche de l'auteur. Influencé par la méthode expérimentale, il veut faire du roman une véritable analyse des phénomènes biologiques et sociologiques, s'intéressant notamment à l'hérédité, à l'influence du milieu social ou de la psychologie. Le roman, pour Zola, devient le lieu d'une expérience, fondée en premier lieu sur une observation minutieuse du réel et, en second lieu, de l'étude des conséquences des faits observés. L'œuvre la plus représentative du naturalisme est celle des *Rougon-Macquart*. En l'espace de vingt romans, et par un processus de recherche et d'analyse, l'auteur retrace l'histoire d'une famille génération après génération en démontrant toutes les conséquences de l'hérédité sur un individu.

Mis à part un désir identique de se faire les représentants de la société et de leur époque dans son intégralité, les auteurs réalistes montrent peu de traits communs, il leur arrive d'ailleurs souvent de débattre de leurs divergences. Ainsi, dans une lettre écrite au romancier russe Ivan Tourgueniev en novembre 1877, Flaubert s'agace du réalisme exacerbé de Zola : « La réalité, selon moi, ne doit être qu'un tremplin. Nos amis sont persuadés qu'à elle seule elle constitue tout l'État ! Ce matérialisme m'indigne, et, presque tous les lundis, j'ai un accès d'irritation en lisant les feuilletons de ce brave Zola. » De la même manière, Maupassant critique le dramaturge Henri Monnier en ces termes : « Henri Monnier n'est pas plus vrai que Racine. » Duranty, lui, reproche à *Madame Bovary* de manquer de sentiment dans un article de la revue *Réalisme* : « Trop d'étude ne remplace pas la spontanéité qui vient du sentiment. »

Malgré ces désaccords dans le niveau de réalisme à employer dans leurs œuvres, les auteurs se rejoignent dans leur volonté de donner à la littérature une dimension plus scientifique, et d'en faire le lieu d'étude privilégié de l'homme et de son environnement.

DANS LA MÊME COLLECTION
(par ordre alphabétique)

- **Anonyme**, *La Farce de Maître Pathelin*
- **Anouilh**, *Antigone*
- **Aragon**, *Aurélien*
- **Aragon**, *Le Paysan de Paris*
- **Austen**, *Raison et Sentiments*
- **Balzac**, *Illusions perdues*
- **Balzac**, *La Femme de trente ans*
- **Balzac**, *Le Colonel Chabert*
- **Balzac**, *Le Lys dans la vallée*
- **Balzac**, *Le Père Goriot*
- **Barbey d'Aurevilly**, *L'Ensorcelée*
- **Barbey d'Aurevilly**, *Les Diaboliques*
- **Bataille**, *Ma mère*
- **Baudelaire**, *Les Fleurs du Mal*
- **Baudelaire**, *Petits poèmes en prose*
- **Beaumarchais**, *Le Barbier de Séville*
- **Beaumarchais**, *Le Mariage de Figaro*
- **Beauvoir**, *Mémoires d'une jeune fille rangée*
- **Beckett**, *Fin de partie*
- **Brecht**, *La Noce*
- **Brecht**, *La Résistible ascension d'Arturo Ui*
- **Brecht**, *Mère Courage et ses enfants*
- **Breton**, *Nadja*
- **Brontë**, *Jane Eyre*
- **Camus**, *L'Étranger*
- **Carroll**, *Alice au pays des merveilles*
- **Céline**, *Mort à crédit*
- **Céline**, *Voyage au bout de la nuit*

- **Chateaubriand**, *Atala*
- **Chateaubriand**, *René*
- **Chrétien de Troyes**, *Perceval*
- **Cocteau**, *Les Enfants terribles*
- **Colette**, *Le Blé en herbe*
- **Corneille**, *Le Cid*
- **Crébillon fils**, *Les Égarements du cœur et de l'esprit*
- **Defoe**, *Robinson Crusoé*
- **Dickens**, *Oliver Twist*
- **Du Bellay**, *Les Regrets*
- **Dumas**, *Henri III et sa cour*
- **Duras**, *L'Amant*
- **Duras**, *La Pluie d'été*
- **Duras**, *Un barrage contre le Pacifique*
- **Flaubert**, *Bouvard et Pécuchet*
- **Flaubert**, *L'Éducation sentimentale*
- **Flaubert**, *Madame Bovary*
- **Flaubert**, *Salammbô*
- **Gary**, *La Vie devant soi*
- **Giraudoux**, *Électre*
- **Giraudoux**, *La Guerre de Troie n'aura pas lieu*
- **Gogol**, *Le Mariage*
- **Homère**, *L'Odyssée*
- **Hugo**, *Hernani*
- **Hugo**, *Les Misérables*
- **Hugo**, *Notre-Dame de Paris*
- **Huxley**, *Le Meilleur des mondes*
- **Jaccottet**, *À la lumière d'hiver*
- **James**, *Une vie à Londres*
- **Jarry**, *Ubu roi*
- **Kafka**, *La Métamorphose*
- **Kerouac**, *Sur la route*
- **Kessel**, *Le Lion*

- **La Fayette**, *La Princesse de Clèves*
- **Le Clézio**, *Mondo et autres histoires*
- **Levi**, *Si c'est un homme*
- **London**, *Croc-Blanc*
- **London**, *L'Appel de la forêt*
- **Maupassant**, *Boule de suif*
- **Maupassant**, *La Maison Tellier*
- **Maupassant**, *Le Horla*
- **Maupassant**, *Une vie*
- **Molière**, *Amphitryon*
- **Molière**, *Dom Juan*
- **Molière**, *L'Avare*
- **Molière**, *Le Malade imaginaire*
- **Molière**, *Le Tartuffe*
- **Molière**, *Les Fourberies de Scapin*
- **Musset**, *Les Caprices de Marianne*
- **Musset**, *Lorenzaccio*
- **Musset**, *On ne badine pas avec l'amour*
- **Perec**, *La Disparition*
- **Perec**, *Les Choses*
- **Perrault**, *Contes*
- **Prévert**, *Paroles*
- **Prévost**, *Manon Lescaut*
- **Proust**, *À l'ombre des jeunes filles en fleurs*
- **Proust**, *Albertine disparue*
- **Proust**, *Du côté de chez Swann*
- **Proust**, *Le Côté de Guermantes*
- **Proust**, *Le Temps retrouvé*
- **Proust**, *Sodome et Gomorrhe*
- **Proust**, *Un amour de Swann*
- **Queneau**, *Exercices de style*
- **Quignard**, *Tous les matins du monde*
- **Rabelais**, *Gargantua*

- **Rabelais**, *Pantagruel*
- **Racine**, *Andromaque*
- **Racine**, *Bérénice*
- **Racine**, *Britannicus*
- **Racine**, *Phèdre*
- **Renard**, *Poil de carotte*
- **Rimbaud**, *Une saison en enfer*
- **Sagan**, *Bonjour tristesse*
- **Saint-Exupéry**, *Le Petit Prince*
- **Sand**, *Indiana*
- **Sarraute**, *Enfance*
- **Sarraute**, *Tropismes*
- **Sartre**, *Huis clos*
- **Sartre**, *La Nausée*
- **Sartre**, *Les Mots*
- **Senghor**, *La Belle histoire de Leuk-le-lièvre*
- **Shakespeare**, *Roméo et Juliette*
- **Steinbeck**, *Les Raisins de la colère*
- **Stendhal**, *La Chartreuse de Parme*
- **Stendhal**, *Le Rouge et le Noir*
- **Verlaine**, *Romances sans paroles*
- **Verne**, *Une ville flottante*
- **Verne**, *Voyage au centre de la Terre*
- **Vian**, *J'irai cracher sur vos tombes*
- **Vian**, *L'Arrache-cœur*
- **Vian**, *L'Écume des jours*
- **Voltaire**, *Candide*
- **Voltaire**, *Micromégas*
- **Zola**, *Au Bonheur des Dames*
- **Zola**, *Germinal*
- **Zola**, *L'Argent*
- **Zola**, *L'Assommoir*
- **Zola**, *La Bête humaine*